RECUEIL

DE

PAR

P.-J.-A. DUPUY.

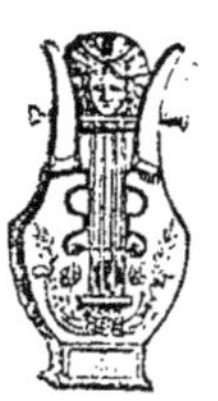

GAP,

IMPRIMERIE DE P. JOUGLARD.

1856.

RECUEIL

DE

Poésies Fugitives,

PAR

P.-J.-A. DUPUY.

GAP,

IMPRIMERIE DE P. JOUGLARD.

1856.

A mes Parents.

A mes Amis.

P. Dupuy.

POÉSIES FUGITIVES

A Mlle M....

Fille de M. le Général de L....

Le 14 mars, jour de sa fête,

En lui offrant un bouquet de violettes.

Mars 1827.

Mars aujourd'hui ramène votre fête;
A nos jardins, pour vous, j'ai demandé des fleurs;
Tout a péri. Les frimats, la tempête,
Hélas ! n'ont point pour vous adouci leurs rigueurs.
Ils ont à peine, aux bords de la prairie,
Laissé, pour vos attraits, ce modeste ornement :
De leur éclat, l'humble fleur embellie,
Empruntera bientôt son plus doux agrément.

A Mlle CLÉMENCE,

Fille de M. le Colonel T... de M...

Dans une soirée qui avait lieu chez moi.

Février 1833.

Charmante et naïve Clémence,
La plus pure candeur embellit votre front,
Et pare vos attraits de ceux de l'innocence ;
Mais, peut-être trop tôt, ces grâces s'enfuiront ! ! !
Evitez donc ce dieu qui, riant de nos larmes,
Nous blesse de ses traits qu'il cache sous la fleur ;
Craignez de vous laisser éblouir par ses charmes,
Et fermez bien l'accès de votre cœur !

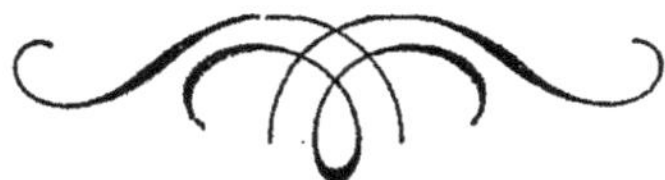

A Mlle AMÉLIE M... FILLE DE M. LE PRÉFET,

Auprès de laquelle je me trouvais placé dans un dîner,
et à laquelle on m'engagea à adresser des vers.

Février 1839.

Auprès de vous, sémillante Amélie,
Ma bonne étoile a donc su me placer;
Et, fier de ce bonheur, en ce moment j'oublie
Les faveurs dont Comus tente de me bercer.
Il veut, en vain, qu'à lui je sacrifie;
En vous voyant ici, son règne doit cesser.

COUPLETS CHANTÉS A LA CROIX,

Le 27 juin 1850,

Dans un dîner où se trouvait M. le Préfet.

Messieurs, dans ce jour de liesse,
De gaîté franche et d'abandon,
Tonton, tonton, tontaine, tonton,
L'amitié, charmante déesse,
Fait couler les vins à foison,
Tonton, tontaine, tonton.

Laissons donc l'austère sagesse,
Pour un instant voiler son front,
Tonton, etc.
Proscrivons la sombre tristesse,
Plaisir seul est de la maison,
Tonton, etc.

Gaiement sablons tous à la ronde,
Le vin fait germer la chanson,
Tonton, etc.

Du vin la puissance féconde,
Mettra nos cœurs à l'unisson,
Tonton, etc.

La Liberté reine du monde,
Sait sourire au choc des flacons,
Tonton, etc.
Buvons à la brune, à la blonde,
Et buvons même à nos patrons,
Tonton, etc.

Quoique vivant en république,
Nous dinons bien dans un donjon,
Tonton, etc.
Mais ici, pas de politique,
Buvons à notre Amphitrion,
Tonton, etc.

A sa santé donc le Champagne!
Car ma foi, Messieurs, il est bon,
Tonton, etc.
Venons souvent à sa campagne,
Qu'il soit longtemps notre échanson,
Tonton, tontaine, tonton.

LE SOIR.

Romance.

Juillet 1849.

L'ombre descend dans la clairière ;
Le berger rentre son troupeau ;
La cloche appelle à la prière,
Venez, retournons au hameau.
Venez, Lise, aux pieds de Marie.
Pleins de confiance et d'espoir,
Invoquons la Vierge bénie
Au son de l'*Angelus* du soir !

Le rossignol sous le feuillage
Des frais bocages d'alentour,
Dans son pur et tendre ramage
Du printemps chante le retour.
Du zéphir l'haleine embaumée
D'un beau jour nous donne l'espoir ;
Près de vous, mon âme charmée
Soupire à la brise du soir !

Déjà sous la voûte étoilée,
De la nuit brillent les splendeurs !
L'écho se tait dans la vallée
Endormie au parfum des fleurs ;

Combien douce est ma rêverie;
D'être aimé je bénis l'espoir;
Ne brisez pas, je vous supplie,
Ma chère espérance du soir!

Près de vous l'existence est belle!
Votre souris fait mon bonheur!
Le temps devrait plier son aîle,
La mort oublier sa rigueur!
D'un mot, veuillez charmante amie
De mon cœur combler tout l'espoir;
Vous êtes l'ange de ma vie
Mon heureuse étoile du soir!

Lise venez! Prions ensemble;
De Marie implorons l'amour!
A son autel, qui nous rassemble,
Venons demander un beau jour.
Pour elle, tressons des guirlandes.
De deux cœurs dont elle est l'espoir,
Allons lui porter les offrandes
Et le tendre hommage du soir!

COMPLAINTE

Chantée à l'occasion de la Plantation de saule qui a eu lieu sous la fenêtre de Monsieur S....
le jour du mariage de Mlle Z... B... S...

19 Février 1852.

Messieurs, pleurons amèrement,
Déplorons bien sincèrement,
L'aventure piteuse à rendre
D'un professeur au cœur trop tendre,
Qui devient dans ce triste jour,
La victime de son amour.

En arrivant dans nos contrées,
Par tant de beaux yeux illustrées,
Ce docte enfant de Perpignan,
Rencontra malheureusement,
Une douce et belle Z...
Et lui voua sa destinée.

Mais, quand tout bas il soupirait,
Que son amour il savourait,
Voilà qu'un fripon de confrère,
Rampant dans l'ombre et le mystère,
Se faufile dans la maison,
Et s'en vient lui damer le pion.

La demoiselle est demandée ;
Sa main hélas ! est accordée ;
Puis, par un complot infernal,
L'on décide qu'au carnaval
Se fera la cérémonie,
Qui, de S..., trouble la vie.

Le Roussillonnais s'en émeut,
Pour tout rompre il fait ce qu'il peut ;
Mais hélas ! sa peine est perdue,
Son âme reste confondue ;
Quand le perfide, un beau matin,
Vient le convier au festin.

A cette nouvelle imprévue,
Il sentit s'obscurcir sa vue,
Mais, toujours grand dans son malheur,
Il sut maîtriser sa douleur,
Et rappelant son énergie,
Il a pu supporter la vie.

Il accepta donc le festin,
Et, luttant contre son destin,
Il faisait bonne contenance ;
Mais il perdit toute assurance,
Quand ce matin, ouvrant les yeux,
Il vit un spectacle odieux !

Croiriez-vous que, sous sa croisée,
Une main perfide et rusée,
Sans nul égard pour sa douleur,
Vint planter un saule pleureur ?
Par suite de cette infâmie,
Sa noire barbe s'est blanchie !

Ce n'est pas tout. De l'arbre affreux,
Objet du complot ténébreux,
Pendait un long crêpe funèbre,
Pour narguer le maître d'algèbre,
On y voyait même un oignon,
Une merluche et un oison !

D'une si noire barbarie,
Sa jeunesse sera flétrie ;
Cet infâme saule pleureur,
Triste cauchemar de son cœur,
Se dressera dans sa patrie
Et empoisonnera sa vie !

Retenez donc petits et grands,
Ces douloureux événements ;
Gravez-les dans votre mémoire ;
Vous apprendrez par cette histoire,
Que le charme de deux beaux yeux,
Nous rend parfois bien malheureux.

COUPLETS

Chantés à l'occasion du mariage de M. Lazare E...
avec Mlle Caroline C..., de Marseille.

Août 1854.

En ce beau jour l'amitié nous convie,
Et de l'hymen allume le flambeau ;
Jeune et joyeux, sur le fleuve de vie,
Vogue déjà ce couple si nouveau.
Mais, doucement, il voit fuir le rivage,
Que lentement il quitte pour toujours ;
Formons des vœux pour son heureux voyage,
Pour lui, du ciel implorons le secours.

Que le zéphir balance sa nacelle ;
Que la prudence éloigne les malheurs ;
Que la vertu l'ombrage de son aile,
Et que l'amour la couronne de fleurs !
Qu'un ciel serein, que des jours sans nuage,
Des nuits sans voile et des vents frais et doux,
Guident en paix au terme du voyage,
Le couple heureux que nous chérissons tous !

Jeunes époux qu'un nœud sacré rassemble,
Pour vous, nos vœux puissent-ils s'accomplir !
Chérissez-vous, vivez longtemps ensemble,
Que Dieu, pour vous, bénisse l'avenir !
Heureux Lazare, à votre Caroline,
Du vrai bonheur vous devrez les beaux jours;
Ce doux présent de la bonté divine,
De votre vie embellira le cours.

De votre amour, douce et digne compagne,
Jeunes époux, l'amitié vous sourit;
D'un saint Prélat que la grâce accompagne,
Le cœur vous aime et la main vous bénit;
Sous cet auguste et fortuné présage,
Pleins de confiance abordez l'avenir,
Et pour charmer les langueurs d'un autre âge,
De ce beau jour gardez le souvenir.

Cette union que Dieu même a bénie,
Tendres parents comble votre bonheur;
De cette pure et touchante harmonie,
Ah ! laissez-nous partager la douceur.
De vos amis, laissez la sympathie,
Se raviver de nouveaux sentiments !
Puisse le Ciel, des écueils de la vie,
Vous garder tous, et vous et vos enfants !

POUR LA MORT D'UNE PENSIONNAIRE.

Mars 1845.

A seize ans ! ! ! c'est trop tôt abandonner la vie;
C'est voir fleurir aux beaux jours du printemps,
Et se flétrir soudain, le lys de la prairie;
Oh ! c'est mourir avant le temps !

Toi mourir ! jeune fille et si pure et si belle,
Au cœur candide, au virginal soupir;
De tes parents hélas ! quelle angoisse cruelle
Vient empoisonner l'avenir !

Mourir ! loin de ta tendre et malheureuse mère,
Dont le bonheur était de te chérir !
Mourir ! sans recevoir le baiser de ton père !
Pour toi, c'est doublement mourir !

Mourir ! déjà mourir ! Pauvre fleur d'innocence,
Toi qu'attendait un riant avenir !
L'orgueil de ta famille et sa douce espérance,
Avec toi vont s'évanouir !

Au printemps de tes jours descendre dans la tombe !
Voir tes attraits, ta beauté s'engloutir,
A côté du vieillard qui sous les ans succombe,
C'est bien cruellement mourir !

Pour calmer tes douleurs, tes angoisses funèbres,
Vois accourir tes compagnes en pleurs !
Pour t'arracher aux mains de l'ange de ténèbres,
Entends tous les vœux de leurs cœurs !

Vœux impuissants ! Déjà dans sa cruelle étreinte,
L'ange sinistre est venu te saisir,
Et ta vie, au début, ici-bas s'est éteinte ;
Mais tu vis pour ne plus mourir.

Ce monument de deuil où tu dors en silence,
Ne presse pas ta paupière à jamais :
Tu dors en attendant que le Dieu de clémence,
T'ouvre le séjour de la paix !

Tu dors, de nos regrets et de fleurs entourée ;
En te quittant, ton ange s'envola
Dans les cieux, vers la place aux vierges préparée,
Il t'attend ; ta couronne est là !

Vole la recevoir ! sous le beau diadême,
Des lys si purs de ta virginité,
Tu vas rouvrir les yeux dans le sein de Dieu même,
Aux splendeurs de l'Eternité !

Charmante fleur si tôt à tant d'amour ravie,
Dieu, de ses saints, vient de te faire sœur ;
Pourrais-tu, près de lui, regretter cette vie
Qui nous laisse le vide au cœur !

Elus de Dieu, du ciel glorieuse phalange,
Qui jouissez de la félicité,
Ouvrez avec bonheur vos rangs à ce jeune ange
Qui naît à l'immortalité !

Jérusalem d'en Haut, Cité sainte et si belle,
De notre Dieu magnifique séjour,
Au-delà du tombeau, puissions-nous, auprès d'elle,
Dans ton port aborder un jour !

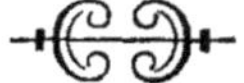

A L'OCCASION DE LA MORT DE Mme L... NÉE J...

9 Août 1851.

Ses yeux sont donc déjà fermés à la lumière !
De son dernier sommeil le jour funeste a lui !
La froide mort hélas ! pèse sur sa paupière ;
L'amour et l'amitié la pleurent aujourd'hui !

Naguère, sous nos yeux, brillante de jeunesse,
Riche de tant d'espoir et belle de candeur,
Au riant avenir que rêvait sa tendresse,
Elle avait convié l'ami cher à son cœur.

Mais l'ange de la mort, a, d'un coup de son aile,
Trop tôt, de ce beau jour flétri le souvenir !
Et le profond chagrin de sa perte cruelle,
De ses parents chéris a brisé l'avenir.

Pourquoi faut-il pour elle, aux flambeaux d'hyménée,
Voir succéder déjà la torche et le cyprès ?
Voir sur son front si pur sa couronne fanée,
Et la tombe engloutir ses innocents attraits ?

La terre a recouvert sa dépouille mortelle;
Tout est dit ici-bas; mais pour elle un beau jour
S'est levé; jour si beau de la vie éternelle!
Dieu l'appelle et lui tend les bras de son amour.

Marie avec bonheur reçoit ce nouvel ange,
Dans les splendeurs du ciel et de l'éternité,
Pour lui faire goûter, sans trouble et sans mélange,
La douce paix, la gloire et l'immortalité.

La voilà parvenue au terme d'un voyage
Où tant d'écueils cachés sont semés sous nos pas;
La voilà pour toujours, à l'abri du naufrage;
Elle a trouvé le port au-delà du trépas.

Jeune et charmante fleur, transplantée avant l'heure,
Des rivages du temps au rivage éternel,
Elle n'a, pour la foi, que changé de demeure,
Et nous la reverrons dans le monde immortel.

Du séjour de la gloire elle voit vos alarmes,
Tendres parents, toujours si tendrement aimés;
Compte de votre amour les soupirs et les larmes,
Sait toutes les douleurs de vos cœurs opprimés.

Certains qu'elle a conquis les palmes immortelles,
Près d'elle, tous un jour vous vous consolerez ;
Elle vous ouvrira les portes éternelles,
Et, dans le sein de Dieu, vous vous retrouverez !

LE 6 AOUT 1852.

Elle n'est plus ma compagne modeste,
Dont la tendre amitié faisait tout mon bonheur !
D'un coup affreux de son aile funeste,
L'impitoyable mort vient de briser mon cœur !

Déjà, mon Dieu, vous me l'avez ravie,
Pour la placer, j'espère, au rang des bienheureux ;
Au jour du monde elle s'est endormie,
Pour vivre auprès de vous à la gloire des cieux !

Oh ! de sa mort funeste et si cruelle,
Vous daignerez, Seigneur, lui compter les douleurs;
Vous dont toujours la justice éternelle
Pèse dans sa bonté le mérite des cœurs.

Sous la fatale et déchirante étreinte,
D'un mal terrible aussi douloureux qu'incessant,
Pauvre victime elle a, comme une sainte,
Expiré sous nos yeux, son cœur vous bénissant !

Ce fut pour nous un ange sur la terre,
Ange d'humilité, de douceur, de vertus,
Epouse tendre et toujours bonne mère,
Au ciel aussi, pour nous, c'est un ange de plus.

Pauvres ! de pleurs vous arrosez sa tombe,
Et votre deuil sincère, honore son trépas.
Quand, du malheur, le bon ange succombe,
Quels yeux, pour lui, ne se mouilleraient pas ?

Sous l'œil de Dieu, de ses vertus modestes,
Sa belle âme exhalait les parfums si touchants :
La douce paix et les grâces célestes,
De son cœur indulgent dirigeaient les penchants.

On put la voir, s'oubliant elle-même,
Aussi chercher en tout à se faire oublier,
Et pour tous les siens, pour ceux que son cœur aime,
Prête toujours, en tout, à se sacrifier.

Modeste fleur, peu connue en ce monde,
Son souvenir, hélas ! ici-bas vivra peu !
Toujours, dans son humilité profonde,
Elle savait, pour tous, cacher sa vie en Dieu.

L'oubli l'attend ! Déjà sa tombe est close !
Mais pour nous il vivra religieusement,
Son nom chéri qui, dans nos cœurs repose,
Bien mieux encor gravé que sur son monument.

Du beau séjour de l'éternelle gloire,
Son amour bénira ses enfants, son époux,
Qui, chaque jour, pleureront sa mémoire ;
Puis, dans le sein de Dieu, nous nous reverrons tous.

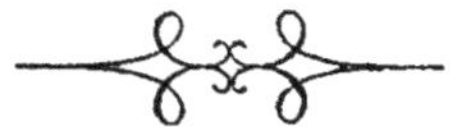

LE 3 OCTOBRE 1852.

Je suivais tristement le sentier de la vie,
Plongé dans ma douleur et dans l'isolement,
Quand, pour me consoler, une étoile bénie
Vint briller à mes yeux silencieusement.

Bientôt, à sa clarté, j'aperçus une femme
Qui, le front incliné, m'attendait en chemin;
Sa figure exprimait le chagrin de son âme,
Et vers moi s'avançant, elle m'offrit sa main.

Cette femme était belle : à sa paupière humide,
J'ai connu du malheur le signe trop certain;
J'ai plaint son infortune et, d'un regard timide,
De sa vie ai sondé le pénible destin.

Cette femme, à la fois, et si triste et si belle,
Dans mon âme a versé ses secrètes douleurs;
Elle a su pressentir mon dévouement pour elle;
Elle m'a révélé les sources de ses pleurs.

L'impitoyable mort, de deux crêpes funèbres,
A voilé son beau front dont l'éclat est si doux;
Et, complice odieux de l'ange des ténèbres,
La tombe a dévoré son père et son époux!

En eux, elle a perdu ses appuis tutélaires;
Leur douloureux trépas flétrit hélas son cœur;
Tendre épouse, à la fois, et modèle des mères,
Un noir fléau, naguère, a brisé son bonheur.

Ses vêtements de deuil, sa retraite profonde,
De son chagrin si vrai le spectacle touchant,

Rien n'a pu désarmer l'injustice du monde ;
Elle en subit l'effet, mais pardonne au méchant.

Elle a senti l'atroce et noire calomnie,
Sur son honneur si pur distiller son venin ;
Elle a senti la vile et basse jalousie,
Sur sa vertu jeter un insolent dédain.

Et cependant, toujours de sa tendre famille
Ce pauvre ange outragé fut le pieux soutien !
Honorant la beauté dont sa jeunesse brille,
Elle se sacrifie et ne fait que le bien !

Renonçant au plaisir qui toujours la réclame,
Elle vit loin du monde, effeuillant ses beaux jours !
Mais, cet isolement hélas ! flétrit son âme,
Et le flot des années, hâte déjà son cours !

Ah ! puisse-t-elle enfin, et bientôt consolée,
Après les jours mauvais, voir luire le bonheur !
Et triste fleur, hélas ! trop tôt décolorée,
Recouvrer son éclat, sa grâce et sa fraîcheur !

D'un ami dévoué, tel est le vœu sincère
Le vœu qu'incessamment je forme dans mon cœur.
A ses chers orphelins, Dieu voudra rendre un père,
En rendant à leur mère un nouveau protecteur.

LES CHAGRINS.

Mars 1855.

Les chagrins et le deuil ont désolé mon âme !
Le tombeau s'est ouvert et refermé trois fois !
Ma mère, mon enfant, mon angélique femme,
Du trépas ont subi les rigoureuses lois !
Mon bonheur est brisé. Hélas ! dans ma famille,
La mort a promené sa faux avant le temps ;
Ainsi l'homme des champs abat sous sa faucille,
Et la fleur de l'automne et la fleur du printemps !

Naguère, j'ai perdu mon épouse chérie,
Ange de charité, de douceur, de vertus;
Dans l'été de son âge, elle me fut ravie,
Et le ciel recevait une sainte de plus !
Je la pleure toujours, mon cœur la cherche encore
Et veut garder toujours son tendre souvenir ;
Heureuse au sein de Dieu que pour nous elle implore,
Son amour nous attend pour nous y réunir.

Coup sur coup j'ai perdu ma bonne et tendre mère,
Sans pouvoir recueillir ses suprêmes adieux,
Sans pouvoir l'assister à son heure dernière,
Sans pouvoir l'embrasser et lui fermer les yeux!
Appui des malheureux, soutien de l'indigence,
Les pauvres, en pleurant, entouraient son tombeau!
Elle était, pour eux tous, une autre Providence,
Ce fut aux yeux de Dieu son titre le plus beau!

J'ai perdu mon enfant dans son adolescence,
A l'âge où l'avenir se montre si riant,
A l'âge où le cœur plein de sève et d'espérance,
La vie est toujours belle et son rêve brillant!
Il voulait vivre encor! La tombe est bien obscure
Quand il faut y descendre au printemps de ses jours;
Le cercueil est bien froid et la mort est bien dure,
Quand, de nos jeunes ans, vient s'y briser le cours!

La fleur s'était flétrie; elle a penché sa tête;
Elle s'est effeuillée au vent de la douleur;
Sur sa tige brisée hélas! par la tempête,
Elle s'est affaisée en déchirant mon cœur!
Pour mon Henri j'ai fait la dernière prière;
Pauvre enfant! j'ai reçu son suprême soupir;
Sous un ciel étranger j'ai fermé sa paupière;
Il est mort dans mes bras et j'ai pu le bénir.

Il est mort, le pauvre ange, en appelant sa mère;
Il est mort sans se plaindre en invoquant son Dieu;
De sa voix défaillante, à son heure dernière,
Il appelait le ciel en nous disant adieu!
Son frère et moi, témoins des funèbres alarmes,
Seuls auprès de son lit pour l'aider à mourir,
Le couvrions de baisers, l'arrosions de nos larmes,
Sur mon cœur il a vu l'éternité s'ouvrir!

Vous les avez reçus dans la gloire éternelle,
Seigneur, ces morts chéris et tous les jours pleurés;
Ils ont gagné des cieux la couronne immortelle;
Ils sont auprès de vous, du bonheur assurés!
Ils ont quitté ce monde où tout meurt, où tout passe,
Qui d'eux conserve à peine un faible souvenir!
Mais, insensiblement ce souvenir s'efface;
Et dans l'oubli, comme eux, il ira s'engloutir!

Pour vous, Dieu tout-puissant, éternel, immuable,
De l'oubli des vivants vous vengez vos élus;
Inondés de splendeurs, de gloire impérissable,
Ce monde et son néant ne les occupent plus!
Par-delà le tombeau, sont les heureux rivages
Où vous êtes leur vie et leur félicité,
Où tout s'absorbe en vous, et les temps et les âges,
Où vous seul restez grand dans votre éternité!

Sur ces bords fortunés, à l'abri des orages,
Ceux que pleure ici-bas la faible humanité,
De ce monde trompeur, oubliant les mirages,
Célèbrent vos grandeurs et votre immensité !
Puissions-nous, sur leur trace, au terme du voyage,
Arriver à la mort comme au soir d'un beau jour;
Les retrouver enfin sur l'immortelle plage,
Pour y vivre avec eux, grand Dieu, de votre amour !!

COURONNEMENT DE LA VIERGE DU LAUS.

23 Mai 1855.

AVANT LE COURONNEMENT.

Nos joyeux chants d'amour, de gloire et d'espérance,
Ont salué déjà l'aurore d'un grand jour.
L'airain retentissant que dans l'air on balance,
De ce temple sacré fait tressaillir la tour.
L'Eglise a déployé ses pompes émouvantes,
Qui rappellent au cœur les beaux temps de la foi !
Pourquoi prépare-t-on ces fêtes éclatantes,
Dignes de la splendeur, de la grandeur d'un roi ?

Pourquoi ce cardinal, ces princes de l'Eglise,
Sont-ils donc devenus pèlerins comme nous ?
Pourquoi ce peuple ému que la grâce électrise,
Vient-il, à flots nombreux, les attendre à genoux ?
Pourquoi donc, du clergé les pieuses phalanges
Viennent-elles autour de notre saint Prélat,
Se presser à l'autel de la Reine des anges?
Pourquoi, dans ces déserts, tant de gloire et d'éclat?

Pourquoi, dans un modeste et simple sanctuaire,
Caché loin des regards et des pas des humains,
Pourquoi, sur le tombeau d'une obscure bergère,
Trouvons-nous les splendeurs des Pontifes romains?
Pourquoi, les yeux de tous se mouillent-ils de larmes
Au spectacle imposant qui les frappe en ce lieu?
Pourquoi, plus que jamais, y trouvons-nous des charmes
Inconnus des mondains, mais qui viennent de Dieu ?

Enfin, pourquoi le ciel s'unit-il à la terre
Et veut-il partager son bonheur, ses transports ?
Pourquoi le Saint-Esprit, et le Fils et le Père
Ont-ils daigné bénir nos vœux et nos efforts ?
D'où vient cette unanime et touchante allégresse,
Qui, dans un même amour, réunit tous les cœurs?
Et pourquoi le vieillard, l'âge mûr, la jeunesse
Cherchent-ils dans ces lieux de pieuses douceurs?

C'est que, pour exalter la Vierge Immaculée,
Celle que le péché n'a jamais pu flétrir,
Rome a choisi du Laus la tranquille vallée,
Qu'elle veut illustrer par un grand souvenir.
Elle veut honorer notre humble sanctuaire.
Le Vicaire du Christ y règne en ce beau jour;
Il y vient couronner et le Fils et la Mère!
Le Roi du ciel, lui-même, y transporte sa cour!

Allons donc, pleins d'espoir, à l'autel de Marie,
Porter avec amour l'offrande de nos cœurs;
Elle nous sauvera des dangers de la vie;
Elle en adoucira les peines, les douleurs;
Elle nous soutiendra dans le cours d'un voyage
Où de nombreux écueils sont cachés sous nos pas,
Et, nous garantissant des périls du naufrage,
Nous montrera le port au delà du trépas.

Allons lui demander le succès de nos armes;
Prions-la pour nos fils, nos frères, nos époux.
Qu'elle veille sur eux au milieu des alarmes,
Et qu'après la victoire, ils nous soient rendus tous.
Prions-la de veiller au salut de l'Empire;
Prions-la de garder les jours de l'Empereur;
Prions-la pour nous tous; et puissions-nous dire
Que nous serons toujours les enfants de son cœur!

Nos fils, de ce grand jour, garderont la mémoire;
Aux échos d'alentour ils rediront nos chants;
De Marie, après nous, perpétuant la gloire,
Ils viendront, à ses pieds, conduire leurs enfants;
Ils viendront, tous les ans, sous les mêmes ombrages,
La bénir, la chanter, célébrer ses grandeurs;
Puisse son cœur si bon, dans la suite des âges,
Verser toujours sur eux sa grâce et ses faveurs!...

APRÈS LE COURONNEMENT.

Elle a donc ceint le diadème
La Vierge auguste de ces lieux!
Rome la proclame elle-même
Reine de la terre et des Cieux!
Oh! qu'elle est belle cette Reine!
De quel éclat brille son front!
Qu'elle est grande la Souveraine
Qui d'Eve a pu venger l'affront!

Quelle illustre cour l'environne!
Les Cieux ici sont descendus!
Nous voyons autour de son trône
Trente mille cœurs confondus!
Les Pontifes dans la poussière
Inclinent leurs fronts vénérés;
Les grands, les riches de la terre
Sont tombés à ses pieds sacrés.

Quelle magnifique couronne
Forment tant de cœurs réunis !
C'est la main de Dieu qui la donne
Et les fleurons en sont bénis.
Elle grandira d'âge en âge,
Malgré l'enfer et ses fureurs,
Et, des siècles bravant l'outrage,
Brillera de nouvelles fleurs.

Jamais, ô Vierge immaculée,
Ta gloire ne peut s'obscurcir.
Les grandes voix de la vallée,
Au loin la feront retentir.
Les générations futures,
Comme nous diront tes grandeurs;
La plus sainte des créatures
A droit à l'empire des cœurs.

Après nous, gardant la mémoire,
De nos joyeux et saints concerts,
Nos fils chanteront ta victoire
Sur le vieux serpent des enfers.
A l'ombre de ton sanctuaire,
Oubliant un monde trompeur,
Ils viendront, aux pieds de leur mère,
Chercher la paix et le bonheur.

De nos vœux reçois les offrandes
Douce Reine, en ce jour si beau.
Verse tes faveurs les plus grandes
Sur le pasteur, sur le troupeau.
Bénis ce prélat, le modèle
D'un clergé pour toi si pieux,
Bénis tout ce peuple fidèle
Que ta gloire amène en ces lieux.

Daigne exaucer notre prière;
Vois tes enfants à tes genoux ;
Montre-toi toujours notre mère;
Dans les périls protége-nous.
Puisse ton étoile chérie
Toujours vers toi guider nos pas,
Et dans les sentiers de la vie,
Nous diriger jusqu'au trépas !

Guide-nous vers cet autre monde
Que l'on n'aborde qu'en tremblant.
Notre confiance profonde
Bénit cet espoir consolant.
De tous, sois l'appui tutélaire,
Rends notre trépas glorieux,
Et que, du Laus le sanctuaire,
Soit pour nous la porte des Cieux !...

AVÈNEMENT AU TRONE DE NAPOLÉON III.

2 Décembre 1852.

Un astre radieux s'est levé sur la France ;
Du grand NAPOLÉON, l'étoile nous a lui ;
Après les jours mauvais de trouble et de souffran
Son trône glorieux se relève aujourd'hui.

En ce jour solennel, son âme consolée
A voulu ranimer la cendre du tombeau.
Sa grande ombre tressaille, et de son mausolée,
Elle voit se fonder un EMPIRE nouveau.

Du soleil d'Austerlitz l'influence féconde
A la France rendra la paix et le bonheur ;
Naguère il fit briller sa gloire aux yeux du monde ;
En ce jour il redonne UN FILS A L'EMPEREUR !

Le héros, de ce fils que son génie inspire,
Voit la haute fortune, il l'aide, il lui sourit ;
Il lui donne la main pour monter à l'EMPIRE ;
Il saura l'animer aussi de son esprit.

Du puissant Empereur la brillante auréole,
Sur son digne héritier reflète son éclat;
Mais, il vient à son tour de remplir un grand rôle;
Par sa noble énergie il a sauvé l'Etat!

C'est lui qui terrassa l'hydre de l'anarchie,
Qui nous rendit le calme et la sécurité,
Des souillures du crime en sauvant la patrie,
Il a légué sa vie à la postérité.

Nous venons d'admirer sa marche triomphale
Et, nous tous, sur ses pas, nous pressions pour le voir.
Les peuples l'ont béni, car sa main libérale,
A semé le bienfait, le bonheur et l'espoir.

Le bronze tonne au loin; l'écho de nos vallées,
Répète avec transport son imposante voix;
De l'airain balancé les joyeuses volées,
Chantent NAPOLÉON porté sur le pavois!

La France, sur son front vient poser la couronne;
Elle vient, sur le trône, élever son Élu;
Ce triomphe si beau, notre cœur le lui donne;
Quel triomphe plus saint? Le peuple l'a voulu!

Le peuple l'a voulu; car, c'est Dieu qui le guide,
Dieu qui donne l'Empire et renverse les Rois.
Puisse notre EMPEREUR, couvert de son égide,
Vivre longtemps heureux et voir chérir ses lois!

PRISE DE SÉBASTOPOL.

8 Septembre 1855.

Il brillera dans notre grande histoire,
Ce beau succès de NAPOLÉON TROIS!
Longtemps notre AIGLE a dormi dans la gloire,
Sur les lauriers de ses nombreux exploits;
Mais, de son aile en dégageant sa tête,
Son œil ardent a fixé l'Orient,
De l'Aigle russe elle a vu la conquête;
Elle est partie, entraînant l'Occident!

ELLE a vaincu ce géant formidable,
Qui, si longtemps, méprisa notre effort!
Elle a brisé ce colosse effroyable
Qui vomissait la mitraille et la mort!
Elle a détruit les forbans de Sinope,
Qui, dans leur rage, ont coulé leurs vaisseaux;
Leur flotte impie, opprobre de l'Europe,
Cache sa honte et se perd sous les eaux!

Sébastopol s'écroule dans les flammes,
Et l'incendie en dévore les tours !
Un souvenir fait frissonner les âmes,
Et de Moscou leur rappelle les jours !
Près de quitter ce qu'il n'a pu défendre,
Le Russe encore a tout sacrifié.
Pour se venger, il a réduit en cendre
Ce que la lutte avait glorifié.

Assez et trop ont duré nos alarmes;
Des flots de sang héroïque ont coulé.
Assez nos yeux ont répandu de larmes,
Et la patrie a le cœur désolé !
Assez et trop de fléaux, de batailles,
Font d'un tyran maudire l'ambition :
Assez de maux, de deuils, de funérailles,
Ont affligé la grande nation !

Mais elle n'a jamais courbé la tête ;
Le bras de Dieu combat pour ses enfants :
Malgré son deuil, elle veut faire fête
Pour saluer ses drapeaux triomphants !
Des mers du Nord aux rives du Bosphore,
Le nom Français est grand, il est vainqueur !
Il a vaincu, nous saurons vaincre encore,
Et du Croissant nous vengerons l'honneur.

Le canon gronde et de sa voix tonnante,
D'un noble orgueil fait palpiter nos cœurs !
L'airain sacré de sa voix éclatante,
De Malakoff célèbre les vainqueurs !
Nos temples saints ont déployé leur gloire !
De la patrie, enfants chers et sacrés,
Voyez nos grands débris de la victoire,
Offrir à Dieu leurs membres mutilés.

Entonnons donc l'hymne de l'allégresse;
Donnons essor à nos accents joyeux !
Prions de Dieu la puissante sagesse,
De protéger nos braves en tous lieux.
Alors, du Nord les cohortes sauvages,
Au nom Français apprenant à trembler,
De l'Orient céderont les rivages,
Dans leurs déserts se verront refouler.

Gloire immortelle à cette Grande Reine
Notre alliée, honneur des potentats !
Noble VICTOIRE, illustre Souveraine,
Vos guerriers sont frères de nos soldats !
Ils ont comme eux, de l'aigle moscovite,
Bravant l'audace et l'insolent orgueil,
Teint de leur sang cette terre maudite,
Où tant de preux ont trouvé leur cercueil !

Gloire aux Héros de cette noble guerre !
Leurs noms iront à l'immortalité.
Gloire aux enfants de la vieille Angleterre !
Entre eux et nous plus de rivalité.
Une ambition sublime et généreuse,
Des deux nations a confondu le cœur ;
Nous voulons tous une paix glorieuse,
Qui de l'Europe assure le bonheur.

NAPOLÉON, ta grande âme est heureuse !
Ton ombre a secoué la cendre du tombeau !
Tu vois la France au loin victorieuse ;
Pour te venger quel triomphe plus beau ?
Oh ! de ton nom la brillante auréole,
Sur nos guerriers reflète son éclat,
Et leur fera, sur les glaces du Pôle,
Gagner la paix dans les murs de CRONSTADT !

LA PAIX viendra couronner la victoire !
Le sang français cessera de couler.
Après avoir perpétué la gloire
De leurs anciens qu'ils savent égaler,
Ils reviendront, les enfants de la France,
Se reposer près des preux d'AUSTERLITZ ;
Ainsi la vieille et la jeune vaillance
Rapprocheront MALAKOFF et MEMPHIS !

L'ESPOIR DU RETOUR.

Hélas ! la voilà donc partie,
Celle à qui j'ai donné mon cœur !
Pour moi, va se flétrir la vie ;
Avec elle a fui le bonheur ;
Mais je la suis par la pensée,
L'accompagnant de mon amour,
Et déjà, mon âme oppressée,
Veut hâter l'instant du retour !

Sous le ciel bleu de la Provence,
Elle va chercher les beaux jours ;
Mais je conserve l'espérance ;
Oh ! oui, j'espérerai toujours !
Partez donc ma douce Marie ;
Partez, sur vous veille l'amour ;
Il protégera mon amie ;
Puisse-t-il, hâter son retour !

Allez sur cet heureux rivage,
Loin des méchants et des jaloux,
Montrer ce gracieux visage
Que Dieu n'a formé que pour vous!
Mon cœur vous suit dans ce voyage;
Puis il espère qu'un beau jour,
Qu'un ciel limpide et sans nuage,
Hâteront l'instant du retour!

Du printemps, les fleurs les plus belles,
Bientôt vont naître sous vos pas;
Les jeunes zéphirs, de leurs ailes,
Voileront vos chastes appas;
Autour de vous, fraîche et parée,
La nature appelle l'amour!
Ma vie, hélas! décolorée,
De son ange attend le retour!

Quand vous irez dans la vallée,
Charmer vos loisirs innocents,
De vos seules grâces parée,
Ou de modestes fleurs des champs,
Près de vous, mon âme isolée
Saura s'envoler chaque jour,
Et se sentira consolée
D'appeler l'instant du retour!

Ah ! vous ne serez pas rebelle
Au vœu le plus cher de mon cœur !
Bientôt, comme une fleur nouvelle,
Belle de grâce et de fraîcheur,
Avec la brise printannière,
Vous reviendrez Ange d'amour ;
Mon âme, alors heureuse et fière,
Bénira l'instant du retour !

LE TOMBEAU

DE

SŒUR BENOITE,

Bergère du Laus.

Février 1856.

Le Monde a vu passer et tomber en poussière,
Ces conquérants fameux, si grands par leurs exploits,
Comme il les avait vus, dans leur fortune altière,
Enchaîner à leur char les peuples et les rois !
Au seul bruit de leur nom tremblait la terre entière ;
Ils poussaient devant eux, la mort et la terreur ;
L'Orient, l'Occident, de leur gloire meurtrière
Ont subi tour à tour la sanglante splendeur.

Leur tombe est cependant inconnue ou déserte,
Et la ronce, aux regards, a dérobé leur nom !
Leur cendre à l'abandon, de mousse recouverte,
Repose dans l'oubli, dans des lieux sans renom !
C'est que, Dieu tout-puissant, quand dans votre justice,
Votre bras paternel a frappé vos enfants,
Il brise, en sa bonté, l'instrument du supplice,
Et le jette bien loin de ses yeux indulgents !

Mais quand des conquérants, ici bas, meurt la gloire,
Quand les peuples à peine en retiennent les noms,
De vos élus, Seigneur, ils gardent la mémoire,
Qui passe glorieuse, aux générations.
C'est ainsi que, du Laus, la modeste bergère,
Humble fille des champs, pauvre enfant du hameau,
Aux soins de son troupeau, consacrant sa carrière,
Mieux que les potentats illustra son tombeau!

De la Reine des cieux fille obscure et chérie,
Ange de pureté, modèle de vertus,
Benoîte en ces déserts où s'écoula sa vie,
A fait vivre son nom qui ne périra plus.
Marie à ses regards, souvent daignait descendre;
Visitait chaque jour l'humble enfant de son cœur;
L'instruisait de sa bouche, et lui faisait comprendre
La science du ciel, et sa sainte douceur.

Longtemps, elle vécut de la grâce ineffable,
Que lui versait Marie, et qui fit son bonheur!
Oui, la mère de Dieu, de son cœur adorable,
A Benoîte toujours prodigua la faveur,
Et cédant tendrement à son humble prière,
Lui permit, au désert d'élever un autel,
Choisissant sous ses yeux, le lieu du sanctuaire
Où fleurit aujourd'hui, son culte solennel.

Il s'est donc élevé le sacré sanctuaire,
Où, pour bénir Marie, accourent ses enfants;
Et, devant son autel, de la sainte bergère
Reposent dans la paix les heureux ossements.
Elle dort sous les yeux de sa divine mère,
A l'ombre de son temple, et jusqu'au dernier jour,
Les peuples implorant l'appui de sa prière,
Lui porteront toujours, leurs vœux et leur amour.

Naguère, un jour bien beau venait briller pour elle!
Vers le Laus accouraient les peuples d'alentour.
Descendant de l'autel de la Reine immortelle,
Sept illustres prélats ont daigné tour à tour,
Visiter l'humble asile, où, modeste colombe,
Benoîte sut atteindre à la perfection,
Et nobles pèlerins, sont venus sur sa tombe,
Déposer leur tribut de vénération.

Grand Dieu, que dans vos saints, vous êtes admirable!
Votre amour, vos bontés, vos célestes faveurs,
De votre majesté la puissance adorable,
S'épanchent sur le pauvre, oubliant les grandeurs!
Vous élevez à vous, vous tirez de la fange,
Ceux qui, d'un monde injuste ont subi les dédains;
De l'humble enfant du Laus, vous avez fait un Ange,
Qu'avez-vous fait, Seigneur, des plus fiers souverains?

FRAGMENTS TRADUITS DE L'ALLEMAND.

Dors sur ce frais duvet;
L'amour remplit ta vie,
Et vers toi, ma chérie,
Mon cœur vole inquiet;
Dors sur ce frais duvet.
Dors bien!

Dors sur ce frais duvet;
A toi ma bien aimée,
Tout le jour, ma pensée,
Puis mon rêve secret;
Dors sur ce frais duvet.
Dors bien!

Là haut, voyez la chapelle;
Écoutez dans le vallon.
Pour sa douce pastourelle,
Le berger dit sa chanson.
Mais, d'en haut, sur la vallée,
Descend le funèbre glas,
La cloche, à triste volée,
D'un convoi marque le pas.
Là bas, le chant joyeux tombe;
Le berger regarde en haut,
Où l'on porte dans la tombe,
Ceux qui dansaient au hameau.
Jeune pâtre tout succombe;
Tu les suivras au tombeau!

NAISSANCE
DU
PRINCE IMPÉRIAL,

Le 16 mars 1856, à 3 heures du matin.

---

16 Mars 1856.

Les cloches dans les airs, le canon sur la terre,
De leur voix éclatante ont réjoui nos cœurs !
La FRANCE, à son réveil, salue heureuse et fière,
D'un de ses plus beaux jours les premières lueurs !
UN ENFANT NOUS EST NÉ ! Gage heureux d'espérance,
De grandeur, de repos et de sécurité,
Cet enfant est le nôtre et celui de la France,
Dont il fera la gloire et la prospérité.

C'est un NAPOLÉON ! Quels sublimes prestiges
Fait revivre pour nous ce nom si glorieux,
Ce nom qui, lui tout seul, enfanta des prodiges,
Et dont nous conservons le souvenir pieux!
C'est un NAPOLÉON ! c'est tout dire et LA FRANCE
Qui, tous les jours encor, pleure sur un tombeau,
D'un heureux avenir bénissant l'espérance,
Salue avec amour cet enfant au berceau.

C'est un NAPOLÉON ! s'il n'est pas ROI DE ROME,
Il a du moins pour lui nos vœux et notre cœur;
Il n'en sera pas moins l'héritier du GRAND HOMME,
L'héritier de celui que pour son Empereur
La France s'est choisi. Glorieux par sa race
Dont il sera plus tard le nouvel ornement,
Il unit dans un nom que nul autre n'efface,
Le sang des BONAPARTE et le sang des GUZMAN.

C'est l'enfant de la PAIX ! Quelle douce auréole
Entoure ce berceau portant notre avenir !
C'est l'enfant de la PAIX ! Quel magnifique rôle
Dans lequel il saura se faire un jour bénir !
La vie ouvre pour lui sa brillante carrière;
Quelle admirable histoire il aura sous les yeux !
Les grandeurs de son oncle et celles de son père,
Promettent à LA FRANCE un règne glorieux !

C'est l'enfant de l'EUROPE ! En ouvrant la paupière
Il la voit, en CONGRÈS, lui prouvant son amour,
Autour de son berceau se presser toute entière,
Pour lui porter ses vœux et lui faire sa cour.
Que les temps sont changés ! Jadis l'EUROPE en armes,
Dans ce même PARIS aujourd'hui si brillant,
De la guerre étrangère apportant les alarmes,
De son oncle a brisé le trône chancelant.

Alors, de notre ciel disparut une étoile
Qui fut s'éteindre au loin sous des cieux inconnus;
Mais elle a reparu radieuse et sans voile,
Brillante d'un éclat qui ne périra plus!
Ce trône, renversé par de sanglants orages,
Dieu l'a su relever puissant et glorieux;
Notre EMPEREUR l'a mis à l'abri des outrages,
Et la FRANCE en bénit l'HÉRITIER PRÉCIEUX.

Le HÉROS est vengé! Sa chère capitale
Qu'il avait tant aimée a reçu son cercueil;
Ses anciens ennemis sont venus sur sa dalle,
Déposer leur tribut de respect et de deuil.
Le GRAND HOMME est vengé! Son beau nom sur le monde,
Resplendit et l'EUROPE en revenant à lui,
A fait, par un retour de justice profonde,
Du PROSCRIT d'autrefois, l'IDOLE d'aujourd'hui!

L'âme de l'Empereur doit être heureuse et fière,
Et son jeune héritier par la GLOIRE abrité,
Grandira près de lui, sous les yeux de sa mère,
Pour faire leur orgueil et leur félicité.
La FRANCE qui chérit sa belle Impératrice,
Qui tous les jours bénit sa noble charité,
Des pauvres sait en elle aimer la bienfaitrice,
Et du ciel, pour son fils, implore la bonté!

Il nous écoutera ce Dieu dont la puissance,
Donne à son gré l'Empire et renverse les rois !
Il nous exaucera dans sa sainte clémence
Et daignera combler tous nos vœux à la fois.
A Napoléon III qu'il soit toujours propice ;
Qu'il lui donne la gloire et la prospérité ;
Qu'il conserve les jours de notre Impératrice ;
Qu'il bénisse leur fils et sa postérité !

LA PAIX
DE PARIS.

Mars 1856.

Assez et trop longtemps, les foudres de la guerre,
Ont sillonné le ciel du Nord à l'Orient !
Assez et trop de sang vient d'inonder la terre !
Assez et trop de deuils affligent l'Occident !
Des Peuples Alliés a brillé la vaillance !
Les succès les plus beaux couronnent leur effort !
Nos glorieux guerriers ont prouvé leur constance,
A braver les frimats, la souffrance et la mort !

Par la poudre noircis, criblés par la mitraille,
Nos nobles étendards sont assez illustrés !
Ils ont subi le feu, le choc de la bataille,
Qu'ils restent suspendus dans nos temples sacrés.
Nous avons entonné l'hymne de la victoire,
Le joyeux *Te Deum* des guerriers triomphants;
Témoins de nos succès et de nos chants de gloire,
Ils les rappelleront un jour à nos enfants.

Aux vœux des nations, le CZAR vient de se rendre;
Ses peuples consternés ont imploré LA PAIX;
S'empressant d'accourir à la voix d'ALEXANDRE,
Elle vient à l'EUROPE apporter ses bienfaits.
Les Cieux se sont ouverts! Pour consoler la terre,
Elle descend vers nous l'olivier à la main;
Le monde réclamait son secours tutélaire,
Les Nations, de fleurs, ont semé son chemin.

Son char roule paisible et du Dieu de la Guerre,
Elle enchaîne la rage et calme les fureurs.
Tous les cœurs vont bénir cette Vierge si chère
Qui guérira nos maux et qui sèche nos pleurs.
D'un fléau destructeur, elle arrête la course;
De flots de sang humain tarit l'effusion;
Du bonheur pour l'Europe, elle rouvre la source;
Des peuples elle vient cimenter l'union.

Des rives de la Seine, aux rives du Bosphore,
Des bords de la Tamise, aux bords de la Newa,
Tout exalte son nom, qui réjouit encore
Les flots de l'Atlantique et de la Moscowa!
LE LÉOPARD Anglais et l'AIGLE de la France,
L'ÉTENDARD DU PROPHÈTE et la CROIX du Piémont,
Dans une glorieuse et sublime alliance,
De la fille des Cieux ombragent le beau front!

L'airain ne gronde plus sur les champs de bataille!
Il n'est plus des combats l'agent dévastateur!
Il ne vomira plus, dans des flots de mitraille,
Sur le MONDE éperdu, la MORT et la TERREUR!
Il va se taire enfin. Mais sa voix rassurante,
Vient après la victoire annoncer un beau jour;
Nous dire que la FRANCE au repos renaissante,
Attend de ses enfants le consolant retour.

Nos guerriers vont revoir le ciel de la Patrie;
Les femmes leurs époux, les mères leurs enfants;
La jeune fille attend, triste amante chérie,
Celui qui réveilla ses plus doux sentiments!
Ce fils dont le départ brisa le cœur d'un père,
Reviendra glorieux lui rendre son appui;
La ville et le hameau, le palais, la chaumière,
Les peuples et les rois, tous font fête aujourd'hui!

Un ciel calme et serein, verse enfin sa lumière,
Du golfe de Finlande aux rives de l'Euxin;
La discorde s'enfuit, et sa voix meurtrière
Se tait, de Pétersbourg aux murs de Constantin!
Devant nous, va s'ouvrir une heureuse carrière;
Les peuples ennemis vont se donner la main;
Et suivant de LA PAIX, la céleste bannière,
Travailler de concert au bien du genre humain.

Les Nations, alors, n'auront plus de frontières;
Les peuples respectant les droits de leurs voisins,
Vivant unis entre eux par un amour de frères,
Suivront sous l'œil de Dieu leurs paisibles destins!
L'Europe ne sera qu'une grande famille,
Qu'attend un glorieux et tranquille avenir,
Et déjà, s'adoucit par l'espoir qui nous brille,
De nos jours de douleurs le sombre souvenir!

Par un juste retour des choses de ce monde,
PARIS donc, à la PAIX attachera son nom!
Dans des jours de malheur, d'affliction profonde,
Jours de deuil, d'amertume et de confusion,
D'un héros immortel trahi par la victoire,
Il vit pâlir l'étoile et flétrir le renom!
Mais, dans son héritier dont elle fait la gloire,
Notre PAIX DE PARIS venge NAPOLÉON!

A Mme E.... X....

En lui envoyant un exemplaire de mon recueil.

Mars 1856.

Allez, volez mes vers, dans cet heureux asile
Où règnent la vertu, la grâce et la beauté.
Partez heureux enfants, allez d'un vol agile
Vous offrir aux regards d'un ange de bonté.
Allez sur les genoux de la douce E.....
Reposer mollement, mériter sa faveur,
Allez pour un instant charmer sa rêverie,
Et puissiez-vous trouver le chemin de son cœur !

Gap.—Typ. Jouglard.

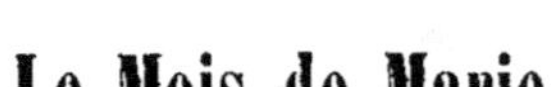

Le Mois de Marie.

1er Mai 1856.

Saluons le mois de Marie,
Ce mois si beau, si gracieux,
Ce mois de gloire et d'harmonie
Et sur la terre et dans les cieux;
Ce mois où la nature entière
Vient, se parant de ses splendeurs,
Pour en couronner notre mère,
Nous donner de nouvelles fleurs.

Du Très-Haut saluons la mère
Vase divin de pureté.
Oh ! Marie à nos cœurs si chère,
Astre brillant de chasteté,
Du péché jamais la souillure,
Jamais de l'Esprit infernal,
Le souffle impur, la flétrissure,
N'ont terni ton front virginal !

Saluons la Vierge immortelle ;
Exaltons son nom glorieux!
Qu'elle est donc grande et qu'elle est belle
Cette Reine Auguste des Cieux!
A ses pieds s'inclinent les anges
Et les nations de l'univers;
Du Ciel les brillantes phalanges
La célèbrent dans leurs concerts.

De nos fleurs nouvelles écloses
Allons embellir son autel ;
De jasmins, de lys et de roses,
Couronnons son front maternel.
De cette Vierge immaculée,
Chantons la gloire et les grandeurs;
Elle est notre mère adorée ;
Venons implorer ses faveurs.

Venez donc oubliant la terre,
Vous tous qui portez un cœur pur,
Savourer dans son sanctuaire
L'avant-goût du bonheur futur.
Venez, dans l'arche d'alliance
Chercher après les jours de deuils,
Le repos, la paix, l'espérance,
Loin du monde et de ses écueils.

En échange et de nos guirlandes,
Et du dévouement de nos cœurs,
De ses bontés toujours plus grandes
Puissions-nous sentir les douceurs!
Puisse-t-elle, ô mère chérie,
Des cieux nous montrant le chemin,
Parmi les écueils de la vie
Nous y conduire de sa main!

Puisse le miroir de justice,
L'asile assuré des pécheurs,
Des affligés la protectrice,
Calmer nos chagrins, nos douleurs!
Du matin radieuse étoile,
Porte du bienheureux séjour,
Puissions-nous l'admirer sans voile,
Quand viendra notre dernier jour!

Puisse-t-elle après les orages
Par l'Enfer sur nous déchaînés,
Nous mettre à l'abri des naufrages
Sur les bords toujours fortunés!
Puissions-nous la voir sur son trône,
Au grand jour de l'Eternité,
Placer sur nos fronts la couronne
De l'heureuse immortalité!....

BOUTS-RIMÉS

Qui me furent donnés à remplir dans une réunion où je me trouvais.

Avril 1856.

Au temps où nous vivons, ma foi vive l' AUDACE !
Pour arriver à tout, elle est le vrai CANAL !
Il faudrait aujourd'hui, se montrer bien BÉCASSE,
Pour négliger l'emploi de ce moyen BANAL.
De ce côté, jamais l'ambitieux ne PÊCHE ;
L'audace, tous les jours, profite à l' AMOUREUX ;
Au front de la beauté s'il dérobe une MÈCHE,
Bientôt encor sans doute il sera plus HEUREUX !

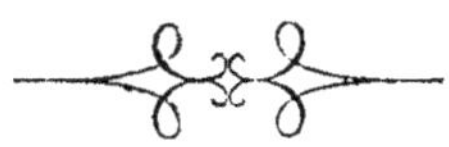

BAPTÊME

DU PRINCE IMPÉRIAL,

LE 14 JUIN 1856.

Juin 1856.

Le Ciel avec amour a regardé la Terre
Qui s'émaille de fleurs aux beaux jours renaissants.
Les forêts ont repris leur coiffure légère ;
Les hôtes du bocage ont retrouvé leurs chants.
Le Printemps a souri. Les gracieux Zéphyres
De leur suave haleine ont embaumé les airs ;
Tout renait et, vers Dieu, de leurs pieux délires
Tous les êtres créés élèvent les concerts !

Un soleil éclatant, radieux et sans voile,
D'une brillante aurore efface les lueurs ;
Sur la France avec lui, s'est levée une étoile
Qui disparut pour nous en des jours de malheurs.
Mais, nous la revoyons glorieuse et plus belle,
Et de l'Europe entière elle a fixé les yeux ;
Son éclat rayonnant et sa splendeur nouvelle,
De leurs vives clartés ont inondé les cieux !

Paris est triomphant: sa vieille basilique
A déployé sa gloire et la voix du bourdon,
Réveillant les échos du monument gothique,
A mêlé sa fanfare à celle du canon.
Tout s'émeut, tout s'anime et déjà tout s'apprête
A la Cour, à la ville, autour du saint autel,
Pour réhausser l'éclat de la touchante fête
Qui conduit l'Empereur aux pieds de l'Eternel.

Dans ces jours fortunés, qu'elle est donc cette fête
Que des rives du Tibre aux rivages Lapons,
L'Europe a salué dans ses vœux satisfaite
Et que vont illustrer les plus augustes noms?
Du Très-Haut nous voyons le glorieux Vicaire,
Venir, par son Légat, y prêter son concours,
Et nous voyons encore une reine étrangère,
Par sa présence, orner la plus belle des Cours. *

Le Pontife romain, la reine Joséphine,
Viennent aux fonts sacrés présenter en ce jour,
Un enfant accordé par la faveur divine,
A l'Etat dont il est l'espérance et l'amour.
L'eau sainte va couler. Cet enfant dans les langes
Auquel, dans sa bonté, Dieu sourit au berceau,
Cet enfant fortuné devient frère des Anges.
La grâce va le rendre aussi pur, aussi beau.

* Sa Sainteté le pape Pie IX et S. M. la reine douairière de Suède et de Norwège, sont les parrain et marraine du prince Impérial.

Cette solennité qui réjouit la France,
Qui réjouit le Ciel en faisant un élu,
Du NOBLE REJETON consacrera l'enfance,
En gravant sur son front le signe du salut.
Ce front où doit plus tard briller le diadème
Le plus beau de ce monde et le plus glorieux,
Déjà va recevoir, avec l'eau du baptême,
Ses droits à la Couronne immortelle des Cieux.

La GRANDE NATION veut en ce jour prospère,
Rendre grâces à Dieu d'avoir comblé ses vœux;
Un PRINCE nous est né; la PAIX vient de se faire;
Bénissons du Très-Haut les desseins merveilleux.
C'est lui qui fit la PAIX à tous nos cœurs si chère,
Qui nous donna ce PRINCE héritier désiré
Des glorieux destins de son AUGUSTE PÈRE,
ILLUSTRE SOUVERAIN de l'EUROPE admiré.

Saluons le grand jour qui dans nos cieux rayonne,
Et qui complètera les fêtes d'aujourd'hui,
Où Dieu consacrera, le sceptre et la couronne,
Comme il vient en bénir le PRÉCIEUX APPUI.
Nous verrons succéder aux langes de l'enfance,
Les pompeuses splendeurs du trône impérial
Qui sauront noblement rappeler à la France,
La gloire et les grandeurs d'un règne sans rival.

L'Empereur est heureux : l'Impératrice est fière :
La France avec transport partage leur bonheur,
Et comme eux elle vient, dans son humble prière,
Sur cet enfant, du Ciel implorer la faveur.
Déjà sur son bourlet resplendit la couronne ;
Demandons au Seigneur qu'il daigne la bénir.
Qu'il daigne la bénir, car c'est lui qui la donne,
Et seul des dynasties assure l'avenir !

Qu'il grandisse pour nous, le FILS de la patrie :
Que de tous les périls Dieu garde son berceau ;
Qu'il protège ses jours, qu'il bénisse une vie,
Qui s'ouvre radieuse et sous un ciel si beau !
Dieu nous exaucera. Les Français d'un autre âge,
Après nous apprendront à l'aimer à leur tour ;
De NAPOLÉON III continuant l'ouvrage,
Il règnera sur eux par la gloire et l'amour !

Gap — Typ. Jouglard

INONDATIONS
DE
MAI ET JUIN 1856.

Juin 1856.

Ton cœur en saigne encor, France! oh! belle patrie!
Ton radieux soleil, ton ciel pur et si doux,
Hélas s'étaient voilés! Ton bienfaisant génie,
Dans son manteau d'azur s'envolait loin de nous!
Il détournait sa face, et, déployant ses ailes,
Le front triste et courbé sous un pénible adieu,
Regagnait consterné, les voûtes éternelles,
Il avait vu venir la justice de Dieu!

Sur toi de toutes parts, s'avançaient les orages!
Les beaux jours du printemps, pour toi décolorés,
Se chargeaient de vapeurs, de sinistres nuages,
Précurseurs des fléaux que tes fils ont pleurés.
Le Ciel après t'avoir accordé la victoire,
Voulait, par l'infortune, éprouver ton grand cœur.
Tu te relèveras toujours pleine de gloire,
Car, la vertu s'épure au creuset du malheur.

Les anges du Très-Haut annonçant sa présence,
Ont mandé devant lui la nuée et les vents !
Aux ministres soumis de sa toute puissance,
Dieu parle !!! Ils ont déjà troublé les éléments,
Et dans ces jours de deuil et d'angoisse profonde,
Des temps diluviens ils nous versent les flots !
Les éclairs de la foudre ont fait trembler le monde;
Du désespoir partout éclatent les sanglots !!!

Où trouver des pinceaux, de couleur assez sombre
Pour peindre tant de maux, de désastres, d'horreurs?
Cataclysmes affreux, convulsions sans nombre,
Phénomènes qui tous nous glacent de terreur!
Du globe l'on entend les entrailles profondes,
Gronder sinistrement, puis sourdement craquer!
Dieu déjà voudrait-il anéantir les mondes?
La vie et le cahos semblent s'entre-choquer!

Les fleuves en fureur franchissent leurs rivages!
Rien ne peut résister à leur fatal effort,
Tout frémit devant eux; leurs incessants ravages,
En tous lieux vont porter la misère et la mort!
Les remparts des cités, la modeste chaumière,
S'écroulent sous leur choc long et dévastateur,
Quand du tonnerre seul, la funeste lumière,
Projète dans la nuit sa sinistre lueur!

Nos villes, nos hameaux, nos riantes vallées,
Des flots voient approcher l'horrible invasion;
Sur les débris épars de leurs digues brisées,
Ils roulent la terreur, la désolation!
L'onde va grandissant; les vagues mugissantes
Engloutissent la mère et son fils au berceau;
Les épouses d'un jour, les vierges innocentes,
La vieillesse et l'enfance y trouvent un tombeau.

Combien d'infortunés dans ce triste naufrage,
Isolés sur leurs toits, sans secours et sans pain,
Après avoir en vain lutté contre l'orage,
Meurent transis de froid, dévorés par la faim?
Combien qui, dans l'instant, où sur l'onde en furie,
S'avançent des secours qu'ils touchent de la main,
Voient périr leur espoir et s'éteindre leur vie,
Aux funèbres lueurs d'un jour sans lendemain?

Combien qui, dans la nuit, sans concevoir de craintes,
Ignorant le danger, plongés dans le sommeil,
Soudain sont arrachés à ses douces étreintes,
Par les affreux sursauts d'un sinistre réveil?
Hélas! ces malheureux, désertant leurs demeures,
En se sauvant n'ont pu voiler leur nudité,
Et sont ainsi restés, pendant de longues heures,
Recouverts de lambeaux dus à la charité!

Le laboureur pleurait en voyant disparaître
Le prix de ses travaux, le pain de ses enfants !
Pour lui, le bel espoir que le printemps fit naître,
S'est brisé dans sa fleur au souffle des autans.
Enfin, combien de deuils, d'orphelins et de veuves,
Ont signalé ces jours de sombre souvenir,
Ces jours hélas ! trop longs, de poignantes épreuves,
Qui nous font espérer un meilleur avenir !

Touché de tant de maux dont gémit la patrie,
NAPOLÉON parait ! ! ! Et loin de son palais,
Il vient aux malheureux prouvant sa sympathie,
Sur tous, à pleines mains, répandre ses bienfaits !
Nous le voyons partout et toujours magnanime,
Au péril de sa vie affronter le danger,
Faire preuve toujours d'un dévoûment sublime,
Cherchant tous les malheurs, pour tous les soulager.

De tant d'infortunés il s'est montré le père;
L'espoir s'est relevé dans leurs cœurs éperdus;
Il a calmé leurs maux, secouru leur misère;
Des exemples si beaux ne seront pas perdus.
La charité du prince est la gloire du trône,
Elle lui donne un lustre, un éclat tout nouveaux !
Heureux le souverain qui sait à sa couronne,
Ajouter chaque jour des fleurons aussi beaux !

Volons tous sur ses pas, au secours de nos frères !
Oh ! si nous les aimons, il faut plaindre leur sort !
Après tant de malheurs, que de douleurs amères
Nous pouvons consoler par un nouvel effort !
Donnons, donnons toujours d'une main généreuse;
Nos dons bénis du ciel et par Dieu fécondés,
A la France obtiendront un ère plus heureuse;
Le cœur lui saigne encor !!! Donnons aux inondés !!!

Retour de l'Armée de Crimée.

JUIN-JUILLET 1856.

Juillet 1856.

Des bords de L'ORIENT, de ces lointains rivages
La FRANCE avec bonheur rappelle ses enfants !
Elle suit de ses vœux, vers nos heureuses plages,
Les vaisseaux sur lesquels ils voguent triomphants !
Le MONDE les a vus conduits par la VICTOIRE,
Combattre pour la GLOIRE et pour l'HUMANITÉ;
L'ORIENT gardera leur brillante mémoire,
De la mer CASPIENNE aux déserts de GHIZÉ !

Avec un noble orgueil allons donc sur la plage
Où les vainqueurs du Nil débarquèrent jadis,
Attendre le retour, saluer le courage
Des valeureux enfants des braves de Memphis.
O France! ô mon pays! terre en héros féconde!
Après un demi siècle aujourd'hui reverdis,
Tes lauriers d'Orient donnent la paix au monde;
Tes glorieux succès sont du monde applaudis!

Allons donc au-devant de nos fils, de nos frères,
De nos amis, qui tous ont causé nos douleurs!
De ces époux chéris, dont des larmes amères
Ont payé le retour qui console nos cœurs!
Nous les retrouverons dignes de la patrie,
Dignes de l'Empereur, dignes de notre amour;
La gloire pour toujours illustrera leur vie;
La France les attend; c'est pour elle un beau jour!

L'Empereur les attend!!! Il veut par sa présence,
Honorer leur triomphe, en réhausser l'éclat!
Il n'a pu partager leurs travaux, leur souffrance,
Mais, leur gloire est la sienne et celle de l'Etat.
Des familles enfin vont cesser les alarmes;
De tant de mauvais jours perdons le souvenir;
Le bonheur du retour séchera bien des larmes,
Dieu nous réserve encor les joies de l'avenir!

L'ombre déjà s'enfuit et l'éclat des étoiles
S'efface dans le ciel. Aux premières lueurs
D'un beau soleil de juin l'on distingue des voiles,
L'étendard de la FRANCE et ses nobles couleurs,
Ils sont là ! c'est la flotte ! elle touche aux rivages !
Les voilà ! ce sont eux ! oui ! bientôt sur nos cœurs,
Nous pourrons les presser ! et de tous les visages
Par le bonheur émus l'on voit couler des pleurs !

Ce sont eux !!! Voyez-les tous, ces mâles courages,
De souffrance amaigris, bronzés par le soleil,
S'épanouir joyeux, s'élancer sur nos plages,
S'énivrer des douceurs d'un magique réveil !
Qu'il est touchant de voir les traces glorieuses,
Des blessures, des maux qui les ont mutilés,
Sans avoir ébranlé les âmes valeureuses
De ces nobles FRANÇAIS si long-temps exilés !

HONNEUR ! à ces héros d'une guerre si sainte,
Dont le sang généreux pour la FRANCE a coulé !
De terribles fléaux ils ont subi l'étreinte;
Mais de nombreux remparts sous leurs coups ont croulé.
SÉBASTOPOL n'est plus !!! MALAKOFF est en cendre !
D'INKERMANN, de l'ALMA les glorieux canons,
Du CZAR dans PÉTERSBOURG, ont su se faire entendre;
Pour toujours LA VICTOIRE a consacré ces noms !

HONNEUR ! à ces guerriers dont la patrie est fière !
De prestiges brillants ils sont environnés !
Héroïques débris échappés à la guerre,
Qu'il est beau de les voir de lauriers couronnés !
HONNEUR ! à leurs drapeaux criblés par la mitraille,
Noircis par la fumée et tout décolorés !
Magnifiques lambeaux ! Le choc de la bataille
En a brisé la hampe et LES AIGLES sacrés !

Nos villes, nos hameaux et la patrie entière
Heureux de leur retour, heureux de leur bonheur,
Sous ces habits poudreux blanchis par la poussière,
Sentent battre des cœurs pleins de gloire et d'honneur!
Par de joyeux VIVAT salués au passage,
Le voyage est pour eux un triomphe bien doux;
L'opulente cité, le modeste village,
Au-devant de leurs pas, se donnent rendez-vous.

Ils ont enfin revu le beau ciel de la FRANCE !
Cette chère patrie a revu ses enfants !
Après les sombres jours d'angoisses, de souffrance,
Se lèvent de beaux jours ; ils brilleront longtemps !
L'olivier de LA PAIX couronne LA VICTOIRE !
Le grand nom de FRANÇAIS, entre tous radieux,
Resplendit entouré des lauriers de LA GLOIRE ;
Il a rempli le MONDE ! Il retentit aux CIEUX !!!

Gap.—Typ. Jouglard.

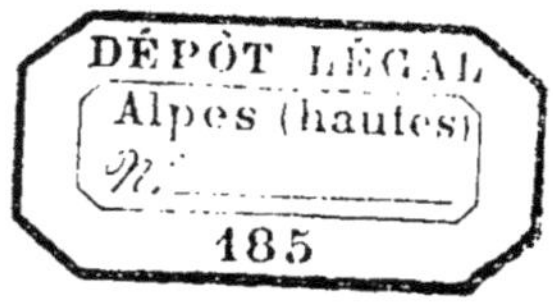

LA FONTAINE

DE

CHAUSSIÈRE.

Août 1856.

Il est à Gap une fontaine
Inconnue, aux tristes abords,
Dont le Zéphir, de son haleine,
Ne parfuma jamais les bords.
Jamais bergère en sa parure,
Jamais fleurs, ni brillants oiseaux,
Jamais gazons, jamais verdure,
Ne se mirèrent dans ses eaux.

Sa douce Naïade oubliée
Dont on néglige les autels,
Jamais dans sa grotte isolée
Ne reçoit l'encens des mortels;
Pour eux cependant elle épanche
De son onde les doux trésors,
Et de son urne fraîche et blanche,
Un flot d'argent coule à pleins bords.

Mais la bruyère qui se penche,
La primevère, le sureau,
La paquerette, la pervenche,
N'embellissent pas son ruisseau.
Il ne court pas dans la prairie
Sur un lit de sable argenté;
Et sur ses bords, près d'une amie,
Jamais le berger n'a chanté.

Jamais l'oiseau sous ses ombrages
N'a modulé des chants d'amour;
Et jamais berceau de feuillages
N'y tempéra les feux du jour.
L'art, jamais n'a rien fait pour elle;
Il la néglige sans raison;
De sa beauté seule elle est belle;
De marbre n'est point sa prison.

La plus modeste des futailles,
Reçoit son flot calme et si doux;
Elle coule entre des murailles;
Elle s'enfuit sur des cailloux;
Et sans honneur abandonnée,
Va s'engloutir dans nos égouts;
Voilà la triste destinée
Que le ciel lui fit parmi nous!

Et cependant, son onde est pure;
Nous en savourons la fraîcheur;
D'une ardente température
Elle modère la chaleur.
Je connais des bouches charmantes
Qu'elle désaltère souvent,
Et des lèvres trop séduisantes
Qu'elle humecte amoureusement.

Oh! depuis lors, je vais en boire,
Heureux de pouvoir chaque jour,
Enivrer mon cœur, ma mémoire
De riants souvenirs d'amour!
Confidente intime et discrète
Des plus chers secrets de mon cœur,
Qu'elle s'en rende l'interprète
Et qu'elle assure mon bonheur!

Que ma tant gracieuse amie,
Ce bel ange consolateur,
En devienne le bon génie,
D'un long oubli réparateur!
Et tout s'embellira par elle;
Tout auprès d'elle va changer;
Autour de leur reine nouvelle,
Les Grâces viendront se ranger!

La Naïade alors consolée,
Chassant un triste souvenir,
Ne se verra plus isolée,
Dans le présent, dans l'avenir.
Mais, cédant à ma douce amie,
Le sceptre heureux de la beauté,
Reconnaîtra sans jalousie,
Qu'elle seule l'a mérité.

P. DUPUY.

Gap.—Imp. JOUGLARD.

L'Homme et la Femme.

Septembre 1856.

Quand Dieu, par sa toute-puissance,
Du néant tira l'univers,
L'amour compléta l'existence
De tous les êtres si divers.
Ce Dieu qui lui donnait une âme,
Souffle divin de son amour,
A l'Homme aussi donna la Femme,
Pour l'aimer jusqu'au dernier jour.

Dieu voulut, de sa solitude,
Lui sauver le naissant ennui;
Lui donner la béatitude
Dans un être plus beau que lui.
De l'Eden la fraîche verdure,
Le soleil, le ciel étoilé,
La splendide et riche nature,
A son cœur n'avaient point parlé.

Alors Dieu se dit à lui-même :
L'Homme est ainsi bien isolé ;
Faisons la femme pour qu'il l'aime,
Et que son cœur soit consolé !
Et la Femme alors fut créée.
Dieu la fit pendant son sommeil
Des beautés divines parée,
Pour charmer l'Homme à son réveil.

Et, quand l'Homme ouvrit la paupière,
Dieu la conduisit près de lui.
Adam admira notre mère ;
Tant de grâces l'avaient séduit.
Eve, sa suave compagne,
Lui fit connaître le bonheur ;
De l'Eden, l'heureuse campagne
S'embellit des joies de leur cœur.

Tous deux, dans leur reconnaissance,
Au ciel ils adressaient leurs vœux ;
Et, sous l'œil de la providence,
La vie était belle pour eux.
D'Eden, les frais et doux bocages
Virent leurs innocents amours ;
Ainsi sans trouble et sans nuages,
S'écoulèrent leurs premiers jours.

Ils étaient heureux l'un par l'autre;
Leur bonheur en était doublé;
Ce bonheur eût été le nôtre
Si le serpent ne l'eût troublé.
Mais, oh ! jour à jamais funeste !
Leur innocence s'éclipsa;
Soudain la justice céleste
De ces lieux si beaux les chassa !

Adam et son Eve chérie,
Proscrits du bienheureux séjour,
Virent se flétrir de leur vie
Le bonheur perdu sans retour.
Leur disgrâce fut bien affreuse;
Leur malheur, hélas ! fut bien grand;
Mais leur peine si douloureuse
Ils l'adoucirent en s'aimant.

L'amour embellissait leur vie
Sous les ombrages de l'Eden;
Il fut encor leur bon génie,
Loin de ce fortuné jardin.
D'Eve la grâce enchanteresse
D'Adam soulageait les chagrins,
Et d'Eve aussi, dans sa détresse,
Adam partageait les destins.

Heureux dans leur grande infortune
De s'aider et de se chérir,
Si leur misère était commune,
Ils surent ainsi l'adoucir.
Ils furent ainsi l'un à l'autre
Leur bon ange consolateur;
Ils nous ont légué, dans la nôtre,
Leur exemple réparateur.

Des chagrins, des maux de ce monde
Cessons donc de nous alarmer,
Quand Dieu, dans sa bonté profonde,
Nous laisse une Femme à aimer !
Qu'il est doux d'aimer une Femme !
Qu'on est heureux d'en être aimé !
Son amour, c'est la joie de l'âme !
Le beaume du cœur opprimé !

Heureux celui qui de sa Femme
N'a point la perte à déplorer !
De cet épouvantable drame
Qui n'a pas à se consoler !
Cette perte affreuse et cruelle
Brise bien des jours de bonheur !
Tout est empoisonné par elle !
Quel vide affreux se fait au cœur !!!

Car, la Femme c'est le bon ange
Qui nous sourit dans le chemin.
La Femme, c'est le doux mélange
Des attraits d'un sexe divin !
Elle nous charme par ses grâces,
Nous fait admirer ses vertus,
Nous console dans nos disgrâces,
Pleure quand nous ne sommes plus !!!

A MA FEMME

APRÈS NOTRE MARIAGE.

Mai 1830.

Antoinette, mon bon génie,
Noble, pure et modeste fleur,
Ton parfum embaume ma vie,
Oh ! que j'ai bien placé mon cœur !
Il est heureux sous ton empire !
Nos jours que Dieu voulut unir,
Embellis par ton gai sourire,
Tranquillement vont s'accomplir ;
Toujours t'aimer et te le dire,
Est la joie de mon avenir !!!

COMPLIMENT

QUE LA TROUPE D'AMATEURS DU 40me DE LIGNE

M'A DEMANDÉ POUR LES DAMES DE GAP,

Le 29 Février 1852,

A l'occasion de la représentation, au profit des pauvres,

De la Pièce

DE L'**OURS** ET LE **PACHA**.

Vous, dont la brillante présence,
Du spectacle fait l'ornement,
Et dont la douce bienveillance,
Anime le regard charmant,
Sexe si beau daignez sourire
A nos efforts, à nos labeurs.
Puisque tout cède à votre empire,
Et que vous régnez sur les cœurs,

Quand vous applaudirez, Mesdames,
Qui pourait ici, censurer?
Qui voudrait s'exposer aux blâmes
Que vous savez si bien donner?
Vos époux, vos fils et vos frères,
Pour vous, toujours respectueux,
Craindraient de se montrer sévères,
Auprès de vous et sous vos yeux.
Protégez la troupe inédite
Que vous venez voir aujourd'hui,
Si vous jugez qu'elle mérite
Votre doux et puissant appui.

La charité, vertu si belle,
Vertu qui nous ouvre les cieux,
Dans cette carrière nouvelle,
Nous soutient et nous rend joyeux;
Mais vous, daignez vouloir encore,
Par vos doux encouragements,
Et stimuler et faire éclore
Nos succès à peine naissants.

Quittant le mousquet homicide,
Chaussant l'innocent brodequin,
L'unique désir qui nous guide,
C'est de plaire en faisant le bien.
Fiers de votre haut patronnage,
Dont nous estimons tout le prix,
Veuillez recevoir l'humble hommage,
D'un OURS, d'un PACHA bien soumis.
Le Dieu Mars, auprès de Thalie,
De la guerre oublira les maux,
Que Vénus, à ses fils sourie,
Pour encourager leurs travaux!!

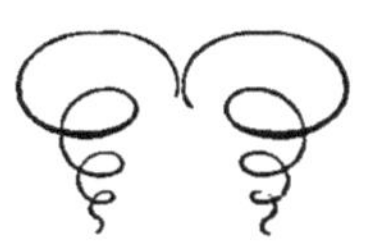

Gap.—Imp. JOUGLARD.

STANCES

SUR LA MORT

DE MONSEIGNEUR SIBOUR,

ARCHEVÊQUE DE PARIS,

Assassiné dans l'église de Saint-Etienne-du-Mont,
le samedi 3 janvier 1857.

---

10 Janvier 1857.

Un horrible forfait a consterné la France !
L'Europe a partagé sa douleur et son deuil !
Un prêtre sacrilége, armé par la vengeance,
La fait pleurer sur un cercueil !

Ce cercueil est celui d'une sainte victime,
D'un pontife de Dieu, d'un auguste Prélat !
A l'ombre de l'autel, sous le poignard du crime,
Il tombait ! Affreux attentat !

De la solennité de la sainte Bergère,
Patronne de Paris, on célébrait le jour!
Le Prélat remplissait son sacré ministère,
Plein de bienveillance et d'amour!

Son clergé l'entourait; la foule recueillie
S'inclinant sur ses pas recevait à genoux,
La bénédiction saintement accueillie,
Que le pasteur versait à tous!

Il faisait beau le voir ce Prélat, ce bon père,
Entouré de l'amour de ses nombreux enfans,
Présenter au Très-Haut, leur fervente prière,
Au ciel envoyer leur encens!

Ce fut à cet instant, quand sa main bienveillante,
Sur son troupeau, du ciel appelait la faveur,
Que celle de Verger, de haine frémissante,
Se levant, le frappait au cœur!

Il le frappait à mort! Las! dans les bras d'un prêtre,
Le Prélat chancelant tombe! et moment affreux!
Il voit son meurtrier! Il reconnaît le traître;
Il s'écrie: « Oh! le malheureux! »

Le forfait est flagrant! Le fer du parricide
Rougi du sang du juste est encor dans sa main!
Ce crime épouvantable est presqu'un déicide!
Le monstre est arrêté soudain!

Alors qu'on le saisit, sa victime expirante,
Emportée au milieu d'une immense stupeur,
A laissé sur la dalle une trace sanglante,
Elle offre sa mort au Seigneur!

Elle vient d'expirer! La grande capitale,
Bientôt, du crime affreux, partout a retenti!
Partout, l'affliction dans les cœurs est égale,
Et le bruit du monde amorti!

Dans un deuil général, et la cour et la ville
De ce funeste jour déplorant le forfait,
Prouvent au saint Prélat, héros de l'évangile,
Leur sympathie et leur regret!

Il est mort pour la foi d'un dogme de Marie.
Le prêtre criminel et prévaricateur,
Ennemi de ce dogme, en lui tranchant la vie,
Envoie un martyr au Seigneur!

Eglise de Paris ! Epouse désolée !
Tu pleures sur la mort de ton premier pasteur !
Et d'un autre martyre à peine consolée,
Un fils ingrat te blesse au cœur !

Console-toi pourtant, noble épouse affligée,
Deux fois veuve aujourd'hui de glorieux martyrs !
Leur gloire, au sein de Dieu, brille à son apogée,
Ils ont béni tes saints soupirs.

Lève les yeux vers eux ! Par delà les nuages,
Contemple-les tous deux dans les splendeurs des cieux!
Adresse-leur pour nous, les solennels hommages
De notre souvenir pieux !

Ils prieront Dieu pour nous, pour notre belle France,
Innocente envers eux de forfaits odieux.
Qu'au delà du tombeau nous ayons l'assurance,
De les rejoindre dans les cieux !

Que sur notre Empereur, sur notre Impératrice,
Sur cet auguste enfant objet de tant d'amour,
Ils appellent de Dieu la bonté protectrice;
Pour qu'au ciel, ils règnent un jour !

Aux parents d'un jeune enfant

Enlevé par le croup.

15 Janvier 1857.

De ce monde il s'est envolé !
Et la tendresse maternelle,
L'amour d'un père désolé,
Dans votre affliction cruelle,
Ici-bas le cherchent encor ;
Mais, déjà, sur ses blanches aîles,
Joyeux il a pris son essor
Vers les demeures éternelles !

Cessez donc de pleurer sa mort !
A peine au début du voyage,
Dieu vient de le conduire au port
En le préservant du naufrage !
Le voilà pour l'éternité,
A l'abri de tous les orages ;
L'éternelle félicité
L'attend aux célestes rivages !

De fleurs entourez son tombeau!
Sur son front la gloire rayonne!
Il brille d'un éclat nouveau,
La splendeur des cieux l'environne!
Il a laissé vide un berceau,
Qu'il vient d'échanger contre un trône!
Ce trône éclatant et si beau,
C'est la main de Dieu qui le donne.

Ne le cherchez plus dans ses langes
Encore humides de vos pleurs;
Des cieux les brillantes phalanges,
Déjà l'ont reçu dans leurs chœurs.
De Dieu pour chanter les louanges
Les grandeurs et l'immensité,
Il s'unit aux concerts des anges
Dans l'heureuse immortalité!

Il est leur frère; il leur ressemble;
Leur couronne pare son front!
Au ciel ils sont heureux ensemble;
Dans son amour Dieu les confond!
Beau des grâces de son enfance,
Il est au séjour des élus,
Beau comme eux de son innocence;
Au ciel c'est un ange de plus!

Il fut votre orgueil en ce monde;
Aux cieux il sera votre appui ;
Car de Dieu la bonté féconde
Avec amour plane sur lui.
De votre âme il connaît l'angoisse;
Il a compris votre douleur;
Il voit le chagrin qui vous froisse;
Il en sonde la profondeur !

Et, pour tempérer l'amertume
D'une si poignante douleur,
Dans le chagrin qui vous consume,
Il vous appelle à son bonheur !
Soyez fiers de son assistance ;
Objets de son plus saint amour,
Dans la gloire il a pris l'avance ;
Vous l'y retrouverez un jour !

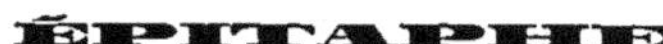

ÉPITAPHE

Qui m'a été demandée pour le tombeau d'un jeune homme de 15 ans.

Janvier 1857.

Ici dort son dernier sommeil
Qui trop tôt ferma sa paupière,
Un fils chéri !!! que son réveil
Soit à l'éternelle lumière !!!

AUX PARENTS

D'UNE JEUNE ENFANT DE 3 ANS ET DEMI,

ENLEVÉE PAR UNE COURTE MALADIE.

Janvier 1857.

Que je vous plains tendres parents!
Votre jeune et pure colombe
A peine au début de ses ans
Vient de descendre dans la tombe!
Ah! je comprends votre douleur!
Elle est affreuse; elle est cruelle!
Elle brise votre bonheur!
Votre cœur est flétri par elle!

Mais, cherchez au divin séjour,
Au sein de Dieu, près de Marie,
L'objet chéri de votre amour;
Il vit de l'éternelle vie.
L'ange que vous avez perdu,
Vous attend sur ces beaux rivages;
C'est là qu'il vous sera rendu;
Pour vous quels consolants présages!!!

GAP.—IMP. JOUGLARD.

Recueil de pièces fugitives

FÊTE

de

SAINT-ARNOUX,

A GAP.

20 Septembre 1857.

I.

COUPLETS CHANTÉS PENDANT LA CAVALCADE.

Quel beau jour s'est levé pour nous !
C'est aujourd'hui la SAINT-ARNOUX,
La grande fête patronale
De notre GAP, la capitale
De tout le pays Gapençais,
L'honneur de l'EMPIRE FRANÇAIS !

L'on a sonné la grosse cloche !
Le Bossu (1) tonne, et pour la broche
Chacun prépare son poulet.
La tourte grasse et le clairet
Vont régaler chaque famille;
Dans tous les yeux le bonheur brille.

Tout le monde est endimanché !
Au coin des rues est affiché,
Par ordre de Monsieur le Maire,
Le programme extraordinaire
Des merveilles que ce grand jour
Promet aux peuples d'alentour.

De tous pays, garçons et filles
Viennent visiter leurs familles;
Car jeunes filles et garçons
Doivent se voir aux rigodons
Qu'on va danser au Champ de foire,
Pour d'Arnoux fêter la mémoire.

Ils vont, sous les yeux des mamans,
Renouvelant de doux serments,

---

(1) L'un des deux canons de l'ancienne garde nationale.

Se jurer amour et constance;
Dans les tourbillons de la danse,
Commettre de jolis larcins
Bien heureux et bien clandestins.

Se quittant pour se voir encore
Dans les ébats de Terpsichore,
Plus que le Saint, ils fêteront
Et la Muse et le dieu fripon.
Mais ils ont une bonne excuse,
Il faut que jeunesse s'amuse.

II.

RÉCIT VÉRIDIQUE ET HISTORIQUE DES DÉTAILS DE LA FÊTE.

Plongez au loin votre regard;
Et voyez des gens de Tallard
La caravane matinière,
Bravant les flots de la poussière,
Venir fêter notre patron,
L'ami de leur GRÉGORION.
Les gens de la Saulce à leur suite,
Puis de Lardier viennent ensuite;
Enfin les gens de Ventavon,
De Laragne et de Sisteron.

Ce n'est pas tout. De la montagne,
Une autre troupe arrive et gagne
Les boulevards de la cité,
Ouverte à l'hospitalité.
Cette foule vive et joyeuse,
Quelquefois trop impétueuse,
Ce sont les gens de Saint-Bonnet,
De Saint-Firmin, de Chauffayet,
De Champoléon et d'Orcières,
De Saint-Jullien, de Lesdiguières,
De Saint-Laurent, de Brutinel,
Puis ceux de Clémence-d'Ambel.

Viennent aussi de proche en proche,
Ceux de Menteyer, de la Roche,
Puis ceux de Veynes, de Montmaur,
Ceux d'Aspres, de Serres encor.
Ces gars sont forts au jeu de paume!
Voyez après ceux de la Beaume,
Avec Saint-Pierre-d'Argençon,
Et Labâtie-Montsaléon.

Enfin, de toute la vallée,
Où GAP, la ville fortunée,
Repose depuis si longtemps,
Bravant les injures des ans,

De Chorges et de Labâtie,
De la Rochette énorgueillie
Par le passage d'Annibal,
De Romette et du littoral
De la rivière de la Luye,
On voit arriver éblouie,
Pour contempler tant de splendeurs,
Une foule d'admirateurs.

L'émotion est certes bien grande
Dans toute la joyeuse bande,
Quand elle voit du grand balcon,
De la grande et belle maison,
Que l'on appelle la MAIRIE,
Pendre l'admirable série
Des prix réservés aux vainqueurs,
Et qui font battre tant de cœurs.
Là, c'est une paire de bottes,
Que des yeux convoitent nos hôtes,
Ou quelque paire de souliers,
Chef-d'œuvre de nos cordonniers.
A côté pend une cravate
De foulard, couleur écarlate;
Puis viennent un joli gilet,
Un couvert Ruolz à filet;
Puis encor une CRINOLINE!

Que d'yeux féminins il fascine,
Ce trop excentrique jupon
Qui fait d'une femme un BALON !
Voyez ces coupons de soierie,
Disposés avec symétrie;
Ils sont blancs, verts, roses et bleus,
Voilà ce qui charme les yeux
De tant de jolies demoiselles,
Jeunes et tendres jouvencelles,
Venant de Tallard, de Lettret,
De-Romette et de Saint-Bonnet.

Mais, déjà commencent les FÊTES !
Entendez le son des trompettes,
Et des tambours et des clairons,
Qui confondent leurs joyeux sons.
C'est notre garnison paisible,
Qui s'en va tirer à la cible.
Après, nous verrons les Pompiers
Parés de leurs brillants cimiers.
Pour arrêter un incendie,
Souvent ils ont risqué leur vie,
Et non sans un léger tic-tac,
On les vit glissant dans un sac
Qu'on appelle de sauvetage,
Descendre d'un troisième étage,

Sous les yeux d'un public nombreux,
Surpris de ce fait dangereux.
Mais aujourd'hui, sans malencontre,
Pour l'honneur de gagner la montre,
Ils feront le coup de fusil,
Joyeusement et sans péril.

Puis après, la foule contente
Se retirera dans l'attente
Des autres merveilles du jour
Qui toutes viendront à leur tour.

Le programme étant sa gouverne,
Vers la porte de la caserne,
Elle est venue à flots pressés
Jouir des plaisirs annoncés,
Mais pour elle la porte est close.
Dans l'intérieur tout se dispose;
On entend hennir des chevaux!
Quels seront ces plaisirs nouveaux?
Elle attend dans l'impatience,
Le cœur bercé par l'espérance,
Le bonheur trop lent à venir
Que lui réserve l'avenir.

La porte s'ouvre, et la musique,
Sur cette foule pacifique,

Répand ses charmes innocents.
Les femmes, les petits enfants,
Les garçons et les jeunes filles,
Feraient volontiers des quadrilles
Au son des cornets à pistons,
Des trombones et des bassons.
Mais la FANFARE de la ville,
Que conduit un berger habile (1),
A bien une autre mission,
Dans cette grande occasion.
Devant la jeunesse dorée,
Au culte des arts consacrée,
Ces beaux Tircis improvisés,
Ces musiciens adonisés,
Veulent gaîment ouvrir la marche;
De leur part, c'est une démarche
Dont le public reconnaissant,
Leur offre son remercîment.

Or, cette jeunesse animée
D'un très-beau zèle, et parfumée,
Allie, en charmant ses loisirs,
La bienfaisance et les plaisirs,
Et va faire une promenade
Que l'on nomme une CAVALCADE.

---

(1) Messieurs de la Fanfare sont costumés en bergers.

Tous ne seront pas à cheval;
Mais c'est parfaitement égal;
Aller à pied ou en voiture
Ne changera pas la nature
De ce beau divertissement
Qui n'est qu'un travestissement.

Voyez passer tous ces costumes,
Habits brodés, chapeaux à plumes,
Culottes en soie, en velours,
Débris sacrés des anciens jours.
Voyez ces épées étonnées
De se voir ainsi promenées,
Après de longs jours de repos,
Par ces seigneurs tout frais éclos.

Ces Messieurs de la Cavalcade,
Dans le cours de leur promenade,
Vont quêter pour les indigents;
Leurs cœurs zélés, intelligents,
Plaidant une cause si bonne,
Avec eux chacun s'abandonne
A l'espoir si doux d'être heureux
En soulageant les malheureux.
Chacun donc, venant voir la course,
De bon cœur doit ouvrir sa bourse;

Et, pour payer le charlatan,
Ma foi! se montrer bienfaisant.
Il vend du haut de sa voiture,
Des vers de mauvaise structure;
Mais il lui faut être indulgent;
Il en donne pour notre argent.
Allons, versons dans sa sébille
Celui qu'en dépense futile
Nous employons légèrement;
Nous ferons mieux assurément.

La CAVALCADE est terminée;
Au quartier elle est retournée;
Les plaisirs ne sont pas finis;
Courons régaler nos amis.
Puis, des fêtes suivant la voie,
Pour voir briller le FEU DE JOIE,
Et les FUSÉES et les PÉTARDS,
Rendons-nous tous au CHAMP DE MARS.

Or, là finissant le programme,
Chacun ensuite avec sa femme
S'en ira par l'amour conduit,
Passer une bien bonne nuit!

Mais quand l'aurore aux doigts de roses,
Des fleurs nouvellement écloses
Et pour chacune et pour chacun

Apportera le doux parfum ;
Quand au début de sa carrière,
Nous versant des flots de lumière,
Vers les portes de l'Orient,
Remontera l'astre brillant ;
Lors, de nouveau quittant nos couches,
Robes de chambres et babouches,
Avec un noble empressement
Bien explicable assurément,
Nous irons voir le saut sur l'Outre.

Puis, le long d'une énorme poutre
D'où pendent deux beaux saucissons
Et de superbes pantalons,
Poutre luisante et savonnée
Dont Porte-Colombe est ornée,
Nous verrons plus d'un amateur,
Les bras nus, trempés de sueur,
Se hissant et dégringolant,
Jusqu'à ce que, tout pantelant,
L'un d'eux par un effort sublime
Du Mat, enfin, gagnant la cime,
En descende victorieux
Chargé des trophées précieux
Qu'avait convoités cette foule
Dont se dissipera la houle.

Mais, courant à d'autres plaisirs
Naissant au gré de ses désirs,
Elle ira voir la COURSE AUX ANES
Sous les peupliers et les platanes
Offrant autour de la cité
Leur ombreuse hospitalité.
Et là, l'ANE le plus rapide
Sera décoré d'une bride !

Après la course des BAUDETS
Qui présentera tant d'attraits,
Viendra celle des JEUNES FILLES,
Que courront voir nos jeunes Drilles,
Pour admirer en équité
Leur grâce et leur agilité.

Enfin, le soir avec Thalie,
Cette muse en tous lieux chérie,
Nous terminerons ce beau jour
Qui doit finir par un TAMBOUR (1) !
Espérant bien que, chaque année,
De nos fêtes la renommée,
Dans notre ville amènera
Rabou, Chaudun, et cætera !

(1) Le spectacle sera terminé par une chansonnette intitulée : le TAMBOUR DE VILLAGE.

Gap.—Impr. de P. Jouglard.

L'AMITIÉ.

À Madame **BLANCHE D......**,
épouse de M. le Général **D......**

À Madame **EUGÉNIE L.......**,
épouse de M. le Sous-Intendant **L.......**

Novembre 1857.

Sur les rivages africains,
Sous le beau soleil du tropique,
Au souffle des zéphirs lointains,
Est née une fleur exotique;
Fleur trop fragile bien souvent
Que deux sourires font éclore;
Mais que parfois un léger vent
Ou vient briser ou décolore !

Cette fleur trop rare, est du cœur
Et l'aliment et l'espérance;

Elle lui donne le bonheur,
Le repos et la confiance !

Tous ici-bas, pour la cueillir,
Hélas, la cherchons à grand-peine !
Nous nous lassons à parcourir
Les monts, la vallée et la plaine ;
Quand peut-être, tout près de nous,
Exhalant son parfum modeste,
La tendre fleur au nom si doux,
Présent de la bonté céleste,
De son éclat suave et pur
A notre insu brille en silence,
Nous offrant le bien le plus sûr
Dont nous caressions l'espérance.

Cette fleur si rare et si chère,
Deux nobles cœurs l'ont su trouver !
Aux bords de la terre étrangère,
Dieu, sous leurs pas, la fit lever.
Pour eux, elle est toujours plus belle ;
Pure ils savent la conserver ;
Et de toute atteinte mortelle
Avec amour la préserver.
Avec bonheur, avec délice
Ils la cultivent chaque jour

Et les parfums de son calice,
Viennent embaumer leur séjour.

Blanche ! Eugénie ! Aimables femmes,
Ah ! Cette fleur c'est l'amitié
Qui vint rapprocher vos deux âmes
Par un instinct privilégié.
Cultivez et soignez encore
Dans vos si doux épanchements,
La tendre fleur que fit éclore
De vos cœurs les frais sentiments.
La vie a souvent ses orages !
Il serait rare que vos jours
Coulassent sans qu'aucuns nuages
Ne viennent en voiler le cours !
L'amitié fera disparaître
Tout noir symptôme de malheur ;
Et bientôt vous verrez renaître
La paix, le calme, le bonheur.

Blanche ! Déjà votre âme aimante
S'est flétrie au vent de douleur !
L'affliction, femme charmante,
Hélas déchire votre cœur !
Chaque jour vos pleurs, tendre fille,
D'un père arrosent le tombeau !

La larme qui dans vos yeux brille
Et vous prête un charme nouveau,
Du bon cœur de votre Eugénie
Qu'à vous attachent tant d'attraits,
Vous assure la sympathie
Qui vous est acquise à jamais!

Vivez donc, sympathiques femmes
L'une pour l'autre et tour à tour,
Echangez de vos jeunes âmes
Le pur dévouement et l'amour.
Vous n'avez rien à vous apprendre;
Vos cœurs battent à l'unisson;
Ils sauront toujours se comprendre
Dans leur touchante affection!
Celle qu'avait rendue heureuse
D'un cœur ami tout le bonheur,
Saura se montrer glorieuse
De consoler ce triste cœur;
Et prouver, confondant ses larmes
Aux pleurs de l'amour filial,
Qu'aussi la tristesse à des charmes
D'un attrait souvent sans égal!

Gap.—Imp. Jouglard.

www.ingramcontent.com/pod-product-compliance
Lightning Source LLC
Chambersburg PA
CBHW060630100426
42744CB00008B/1571
* 9 7 8 2 0 1 1 8 5 2 8 4 7 *